nativités

Catalogage avant publication de Bibliothèque et Archives nationales
du Québec et Bibliothèque et Archives Canada

Chapdelaine Gagnon, Jean, 1949-

Nativités : quinze hymnes pour le temps de Noël

ISBN 978-2-89007-993-9

1. Jésus-Christ - Nativité - Méditations.
2. Noël - Poésie. 3. Noëls français. I. Titre.

BV45.C42 2008   242'.335   C2008-941771-2

Dépôt légal : 3ᵉ trimestre 2008
Bibliothèque et Archives nationales du Québec
© Éditions Fides, 2008

Les Éditions Fides reconnaissent l'aide financière
du gouvernement du Canada par l'entremise du Programme
d'aide au développement de l'industrie de l'édition (PADIÉ)
pour leurs activités d'édition. Les Éditions Fides remercient de
leur soutien financier le Conseil des Arts du Canada et la Société
de développement des entreprises culturelles du Québec (SODEC).
Les Éditions Fides bénéficient du Programme de crédit d'impôt
pour l'édition de livres du Gouvernement du Québec,
géré par la SODEC.

IMPRIMÉ AU CANADA EN SEPTEMBRE 2008

JEAN CHAPDELAINE GAGNON

n a t i v i t é s
quinze hymnes pour le temps de Noël

illustrations de Gérard Dubois

FIDES

Au cœur des genèses

Par delà même tout commencement,
c'est à soi que «Je Suis» se révèle,
heureux d'être communion plénière,
amoureux commerce d'Êtres,
fécond engendrement;
ni creux Écho ni vain Narcisse,
étreinte plutôt de clarté, de chant,
embrasée par la flamme du don.

«Je Suis» s'endigue lui-même,
reflue pour laisser être la création
qu'Il arrache aux ténèbres.

Des ténèbres point alors un iota de lumière
d'où se détachent la dernière des premières
et, de l'éternité, le temps compté;
d'où se dissocient
espace, énergie, matière.

Puis s'agglutinent des poussières
et, sur l'un de leurs agrégats,
emmailloté d'atmosphère,
naissent la cellule, la bête, le bipède
— l'Adam, pour ne pas le nommer,
appelé qu'il est à désigner chacune des espèces —
pour qui «Je Suis» se manifeste Père
et s'incarne Fils,
l'un et l'autre par le souffle aimantés
à l'intangible Esprit,
Elohim à jamais épris de ce tiers
mortellement fini.

L'élection d'une mère

Comment la choisis-tu,
d'entre toutes les filles, ta Mère ?

Peut-être est-elle au puits,
telle la Magdaléenne, la Samaritaine ;
ou peut-être est-elle assise à la fenêtre
— simple pertuis dans un mur de torchis —
et file-t-elle un fil
visible aux seuls yeux de ses mains.

Peut-être s'occupe-t-elle,
par ce temps d'aveugles,
à faire le jour en elle,
à creuser la matrice de son amour
avec le ciseau de ses paumes nues,
ou le chant des psaumes.

Peut-être même te séduit-elle
comme la biche, le loup,
— ou comme les collines, la houle
du fleuve aux courbes liquides —
car elle a revêtu sa blouse d'incarnat,
pucelle, a rechargé sa lampe
jusqu'à l'arrivée de l'Époux
par qui le vin coule plus doux que le miel,
plus désaltérant que l'eau de la source,
par qui le pain devient fruit céleste
et le corps, kaolin de l'immatériel.

Gardien d'Israël sur les pas
d'Abraham, d'Isaac et d'Esther,
tu la fais nouvelle Ève
d'où saillira, comme une supplétive côte,
l'Adam nouvelet.

Dès lors, à toi-même
meurs-tu Dieu pour naître mortel,
insuffles-tu ton Esprit dans la chair
pour élever l'homme à ta vue,
le rapatrier en ton silencieux Éden
infiniment parlant de Paternel
à qui retourne un fils repenti,
gros de larmes, surtout d'une vie
qu'il se découvre ;
gros de son âme, gros de son Dieu
qu'il enfante à son tour
entre l'haleine chaude de l'âne, du bœuf,
et l'insaisissable
visage
de l'indicible Nous.

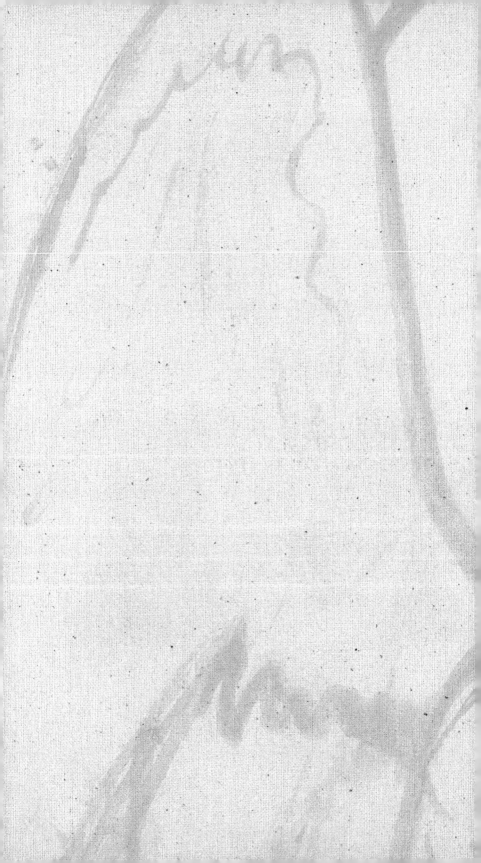

3ᵉ CHORAL

Annonce à Marie.

Il ne neige certes pas comme ici,
malgré le froid glacial des nuits
au frimas de cristal qui glace les sables.

Maintenant qu'est venu le jour décisif,
un peuple à la marge,
nourri de manne et de cailles,
tient lieu de canal
entre la source et les soifs.

Comment est-il Gabriel, l'émissaire,
qui te visite en ton cellier,
force les remparts de ton zèle
pour *El* et ton ami Joseph ?

Dans ta retraite, il brandit

le flambeau du Très-Haut,

abouche ton souffle à celui de l'Esprit,

t'entraîne dans la chorégraphie du Fils,

comme troisième et première interprète,

ô toi l'Épouse de l'Amour

entre Père et Verbe,

et du noyau de tes ténèbres mêmes

— heureux exemple pour tes frères —

l'ange tire la lumière

comme, des ténèbres premières,

El a tiré Soleil et Terre,

séparé du jour la nuit,

l'âme, de la matière.

Pendant qu'opère en toi la voix du mystère,

tu gardes les yeux tournés vers ton clos ombragé,

indémaillable des immensités,

transfixées comme toi

par l'unique présence qui soit

gage de l'absolue réalité.

Le *fiat* du Charpentier

Joseph porte avec Marie
l'enfant qui rachète le monde
et qui sur lui pèse plus lourd, il semble,
du poids du non-sens
d'être tenu longuement dans le doute
sur la fidélité de l'épouse qui
devait lui ménager une descendance,
elle à qui même,
droit charpentier, il s'apprête à bailler
une noble ascendance.

En subtil interprète des songes,
le modeste Joseph
muettement assume sa souffrance.

Nouvel Abraham,

second Noé,

il quitte pays, famille, toit,

se leste de sa peine

et de la garde d'une vierge

qu'il soustrait au verdict

des lapidateurs :

digne émule de Daniel et de l'Oint lui-même

volant au secours de Suzanne, de Madeleine,

— dans la campagne ou sur le parvis

du temple de Jérusalem —

deux simples femmes

stigmatisées par l'opprobre, l'orgueil

de sépulcres blanchis.

Serviteur inlassable,

Joseph entretient lui aussi son fanal,

chérit sa flamme avec la pudeur

d'une tendresse maternelle

héritée du père des paternités

qui l'imite — qui sait ?

Qui sait, de fait, lequel

adopte l'autre,

en est adopté

dans la plus humble des humilités,

dans la plus pauvre

des pauvretés ?

Qui, du père adoptif ou du Dieu d'adoption,

se taille un visage à l'image de l'autre ?

Qui, de l'autre, se fait l'hôte ?

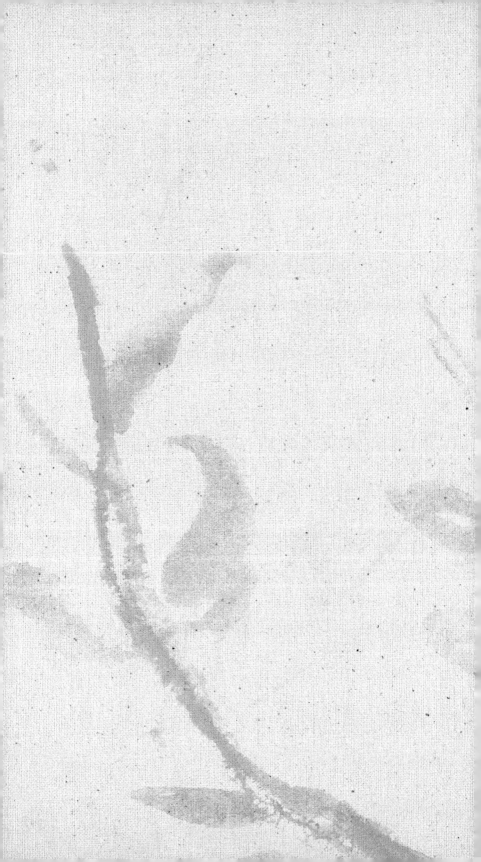

5e CHORAL

Visitation

Tu te mets en route, Marie,
vers Élisabeth.

Quelle fièvre accélère ton pas ?

Accourrais-tu par-devers elle
à l'arbre entrevu de la croix,
au tombeau déserté
par ta raison d'être,
au berceau dépeuplé
de l'enfant à naître ?
Aurais-tu déjà tissé le linceul
des fils mêmes dont tu tisses les langes ?

Par les collines frémissantes,

comme le cerf altéré, la biche enamourée

du psaume et du cantique,

tu vas vers ta cousine

attendant un prophète, elle aussi,

plus passé cependant déjà qu'à venir,

mais voué lui de même à une mort infâme

et le premier à jubiler

quand tu franchis la porte

d'Élisabeth et Zacharie.

Bientôt sorti de sa tanière,

— tête d'abord,

comme guillotinée —

lionceau du désert, Jean rugit

pendant que son père recouvre la voix,

perdue derrière les voiles du sanctuaire,

pour avoir trop parlé, peut-être,

plutôt que d'avoir tendu l'oreille

au murmure du Dieu d'Israël.

Ainsi tu apprends tout de l'art d'être mère

avant le moment de ta délivrance,

l'illumination de l'inconnaissance

dans le silence immédiat

de l'intégrale présence.

Le concert de Joseph et Marie

Quand tu rentres chez toi,
ronde des mois écoulés
et du Rédempteur du monde,
ronde des mois à venir avant l'éclosion de la Vie,
ses pas naturellement vers toi le dirigent,
le Joseph prévenant, le discret pourvoyeur.

Qui d'autre qu'un père
comprendrait la détresse de l'époux miné
par l'ignorance de la vérité
avant que ne le visite Celui
qui fit l'homme, la femme ?
Cet Esprit de Jésus,
Fils inséparable de Yahvé, de «Je Suis»,
— autant que l'est de la Voix la Parole,
la sagesse du silence qui comprend
tout ce qui sort de lui
comme de l'antre des nuits,
antérieur à toutes les vies.

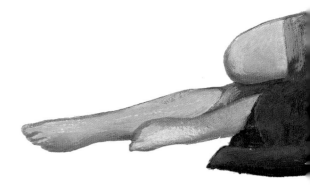

Toujours aveuglé par le soleil du songe

et par la beauté de sa bien-aimée,

plus superbe encore dans sa déchéance

aux yeux du monde

et sa toute récente gravidité,

Joseph recueille sous sa cape

celle que la colombe, lâchée de l'arche

à la dérive sur les eaux,

a couverte de son ombre :

première fleur éclose,

promesse de fruits au verger

de l'immortalité.

La marche des recensés

À deux — presque trois — vous reprenez la route,
en partie pour fuir le mépris, en partie
parce que Rome commande
de dénombrer l'Empire.

Vers Bethléem,
berceau du derviche David,
vous marchez
ralliant la patrie de Joseph,
comme l'ordonne l'édit du César
en cette fin d'automne.

Parmi les fleuves d'hommes
qui sillonnent la Judée,
parfois la mère, épuisée
par l'interminable périple
et par son état qui alourdit son pas,
complète à dos d'ânon l'étape quotidienne.

Nul cependant, sur son chemin,
ne tapisse le sol
de manteaux ni de palmes des oasis.

Avant même de naître, l'enfant
connaît l'expérience des longs trajets
et, pour ainsi dire à rebours,
l'exil consentant d'Abraham l'Ancien,
parti de Chaldée pour Dieu sait quelle terre,
sûr seulement que son Seigneur le mène
dans cette odyssée surhumaine.

Ici, Dieu s'en remet à deux faillibles humains
pour procurer à leurs semblables
le pain de toutes les faims
le vin de toutes les jarres.

Marie porte en elle, telle un écrin,
le tison de la joie contagieuse
qui, sans jamais s'éteindre, se prodigue
grâce à l'affection dont Joseph l'attise.

Ainsi, Dieu marche-t-il au rythme des hommes
qui vont, pieds nus,
dans la poussière battue.

Bethléem *a capella*

Ça sent le bon pain
dans les rues du village
pris d'assaut par les foules en crue.

La cohue se bouscule au caravansérail
pour s'arracher le dernier quignon,
que pique encore la broche
et dont tous, un instant, du regard se régalent.

Vous arrivez trop tard
pour le couvert et pour le gîte.

Marie dangereusement tangue
de lassitude,
sur le dos ensellé de l'animal de bât.

Sans transition,
la nuit, sur le jour,
se rabat.

Vous avez beau frapper,
on ne vous répond pas.

La froidure nocturne succède déjà
à l'étuve diurne.

Une étable logée dans le roc vous abrite.
Plus tard, une imposante pierre
scellera l'entrée d'une semblable crypte
gardée par des soldats.

Pour l'heure, la chaleur dégagée par les bêtes
en attiédit l'air
chargé de relents de bouse fraîche ou séchée.

Sur une paillasse remplie par Joseph,
Marie s'étend pour donner le jour
à l'Inimaginable,
pour enfanter le Sans Égal,
prêter chair à l'Impensable.

La Parole se forge un visage
d'homme
à même la glaise, l'humus,
dont le Créateur autrefois
pétrissait son rêve.

Fidèle à lui-même,
Dieu met les mains à la pâte
pour dénouer le nœud gordien
qui tient l'homme à l'écart
de son jardin.

La danse des Temps

Et naît la nuit qui s'ouvre au jour,
et naît la nuit où Dieu refait le monde,
qu'il habite sans parts — non, pas à demi.

Dieu devient l'enfant d'un homme, d'une femme,
d'entre les plus petits d'un peuple marginal,
à la croisée d'empires, de tyrans
pour les nations qu'ils ont soumises.

Et c'est la nuit dont rêve Adam depuis
l'aube des temps,
avec sa naïve, son Ève crédule,
avec ses fils :
l'un fermier — c'est l'aîné —,
le cadet n'est que chevrier.
Le premier, Caïn fratricide ;
le second, dès l'aube empressé
de faire au ciel monter ses encens, ses fumets,
Abel le bien nommé.
C'est la nuit et, sur la Terre, veillent
la Lune et sa cour de thuriféraires.

C'est la nuit et, penchés sur l'enfant, s'extasient
une mère, depuis peu pubère, et un père
qui tient la jeune accouchée, le marmot juste né,
pour l'or de ses prunelles,
fantasmes concrets de l'Éternel
prêt à s'incarner afin de redonner des ailes
à sa créature, aux premiers jours tombée
de l'arbre du mal et du bien.

C'est la nuit de Noël, à Bethléem,
la nuit du levain divin
qui fait lever la pâte humaine
dans la maison du roi berger,
la maison davidienne.

10ᵉ CHORAL

Hallel de la terre
et du ciel

Avec toi le monde se refonde,
sort du malheur, des peurs, du chagrin.
La lumière défait la nuit.

C'est le premier jour de la neuve espérance
quelque part, nulle part, avec les plus pauvres,
les moins que rien,
les pâtres qui n'ont pas où reposer la tête
sinon sur racine, sur pierre,
vivant avec et comme leurs bêtes,
leurs brebis, leurs chèvres,
leurs troupeaux bêlants.

C'est la nuit et le froid refoule les êtres
dans les profondeurs de la caverne
où babille un poupon.

Sa mère, allongée sur du foin sec,
exsude, avec son père,
crainte et vénération.

Deux Trinités
— l'une de chair ;
l'autre, par ses créatures, subjuguée —
marient leur souhait autour d'un berceau
(entre l'homme et la mère, coincé,
entre l'Esprit et le Sans Nom)
sur quoi se projette, immense,
l'ombre d'une potence
travaillée de nodosités :
tronc dressé contre l'horizon,
serpent de bois braqué devant l'enfançon,
et dont les rares éclisses
sustentent un feu chétif.

Dans l'air retentissent des chants,
inouïs jusque-là sur la Terre,
qui réchaufferont les cœurs des disciples
au matin de la Résurrection.

Chacun t'enfante avec la Mère,
chacun que, du deuil, tu libères
au plus tard à la fin de sa vie.

Tu te multiplies dans le temps,
prends successivement tous les visages,
jamais prisonnier d'une image,
jamais d'un désir
si fugace fût-il.

Être est bien l'art auquel tu excelles,
auprès des cœurs de pierre aussi bien
qu'au cœur de l'Amour démuni,
par ta venue rendu tangible.

Prescience des Mages

Qui sont ces trois sages

— des doubles des trois visiteurs au chêne de Mambré,

ou de Daniel et ses deux amis

rescapés d'un infernal brasier ? —

qui, d'au-delà des déserts, des montagnes,

guidés dans l'obscurité par l'étoile

— comme la Trinité s'élance

au secours de l'homme broyé par le Mal —

convergent vers l'étable jusqu'à ta mangeoire ?

Qui sont ces trois sages?

Prêtres du Soleil, peau cuivrée,
ils ne progressent que dans la nuit déchirée
par une fuyante étoile.

Tels les fous de Dieu
dardent un feu qui se régénère.

Flambeaux aveuglants pour ceux-là
qui vont à leur encontre ;
pour les autres, lanternes de foi
entre Joseph et Marie,
entre Moïse et le saint Élie,
– voire, sur le Calvaire,
entre Jean l'Apôtre et la Mère.

Hérode a beau quémander son chemin
jusqu'à l'Enfant-Dieu,
la vraie nature de ses desseins
n'échappe à nul des Mages,
ni le fond torturé de son âme
quand il les prie de lui révéler
l'exact itinéraire de leur voyage,
pour qu'à son tour il aille
au terme de leur pèlerinage.

Signe précurseur, cela,
de la lointaine, mais pourtant proche Pâques.

Contre-chant d'Hérode

Hérode le Grand
déjà peaufine, à coups d'ordres barbares,
la légende de son fils Antipas.

Prévenus par un songe, les trois étrangers
vers leur Orient s'en sont retournés
sans lui présenter de nouveau leurs hommages,
sans lui révéler le point de chute de l'astre,
la grotte où le roi, nouvellement né,
règne sur un peuple d'anges, de bêtes, de canailles,
dans le silence étoilé
par trois visages qu'illumine
une intrinsèque flamme,
plus iridescente de jour que de nuit.

Le vieil Hérode enrage
et reporte sa hargne sur les plus vulnérables :
de Bethléem, les tout derniers-nés
dont le sang répandu
abruptement réveille les cris de Rachel.

Entre temps Joseph,
empruntant le trajet d'un de ses homonymes,
se retire en Égypte
pour échapper aux maux qui s'acharnent déjà
sur sa maison, sur son fils
anonyme dans le flot des *anawim*
prêts à rallier les caravanes

pour tenter leur chance en pays de Baals

et planter leur tente sur les rives du Nil

limoneux où fleurit pourtant un lotus des plus blancs

— le Nil d'où sort, encore enfant, Jésus,

trois mois, trois ans plus tard, pour rentrer en Judée

dans des bras aimants, des bras aimés dignes

de convoyer trésor aussi sacré.

Cantique des vieillards et des ombres

Après la mort du vieil Hérode,

vous avez tout loisir de réintégrer

la patrie promise à Moïse,

le sauvé des eaux,

non sans un crochet par Sion

pour consacrer au temple

le garçon premier né

— premier des nouveaux Adams

et premier évadé du Shéol,

au corps refait à l'image

parfaite du Saint contemplé face à face.

Corps non plus simple réceptacle

de la gloire ou de la nuée,

mais foyer brûlant de la divinité.

Temple des temples
d'où les vendeurs ont été chassés ;
vivante alliance par où l'Esprit
met dans la bouche du juste Syméon,
d'Anne la veuve, la prophétesse,
la parole et le nom
proclamés sur les eaux
à la Création,
puis à l'immersion par Jean le baptiste
qui préfigure la Résurrection,
dans l'attente craintive au Cénacle
de l'irrévocable baptême de Feu,
aux lendemains de l'Ascension.

Une fugue au temple

Combien d'années se sont écoulées,
depuis la fuite précipitée
dans la nuit des saints Innocents?

Oh! Combien depuis le retour,
avec le détour obligé par le temple,
quand vient le temps pour le garçon
de quitter l'enfance, de naître
à sa vocation tel, hier, Samuel
répondant nuitamment aux appels d'une voix
qu'il pensait à tort être celle
d'Élie, son mentor et modèle?

Dans le long défilé des fidèles,
jeune adolescent Jésus reste en arrière,
à l'insu de ses père et mère
— qui jusque-là s'étaient fort loués
de sa conduite exemplaire —
ravis de s'être acquittés du rite annuel coutumier
enrichi cette fois par la bar-mitsvah
du gamin, dès ce jour en âge
de commenter la Torah.

D'abord étonnés de ne pas le trouver

parmi leurs proches, leurs amis,

Joseph et Marie le cherchent avec angoisse,

avant de se résigner à l'inconcevable

disparition.

S'ils meurent à leur vocation de parents

— quand le fugueur retrouvé,

sans ménagement leur répond

qu'il lui faut vaquer aux affaires de son Père —

par le ventre et le vent de l'Esprit

les époux renaissent

sœur et frère de l'unique Engendré,

enfants de l'Unique *Pater.*

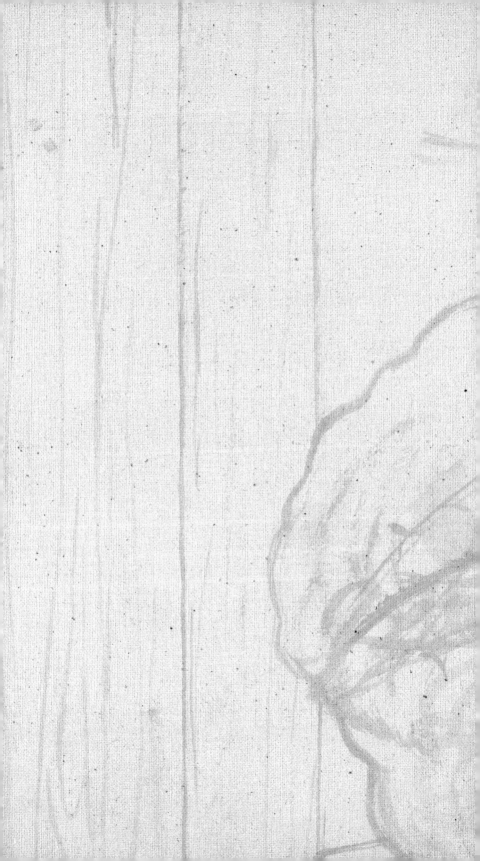

15ᵉ CHORAL

Symphonie trinitaire

C'est ta seconde naissance,
ton deuxième baptême,
cette fois-ci dans le sang, l'agonie.

Tu appelles ton Dieu
non plus *Sabaoth*, mais Papa.

La mort brutalement te dérobe à la croix,
à ton corps, à ta mère.

La mort t'enveloppe de sa forme obscène
d'avant les premiers temps,
quand l'Esprit planait au-dessus des eaux délétères
qu'agitaient de maelströms les Titans.

La mort t'engloutit comme sables mouvants
piscine de boue, fumante géhenne
où t'espère Abraham, où t'espèrent
des ombres d'hommes, des ossements,
auxquels tu redonnes chair,
ainsi que l'avait prédit Ézéchiel.

Chair incorruptible,
chair d'Ève et d'Adam,
remodelée dans le sein paternel,
telle qu'avant la séparation
de l'intemporel et du temporaire,
dans la candeur des regards vierges
d'où se dessaisissent concomitamment
le Créateur et ses créations.

Quand roule la pierre au tombeau
où te couche l'avant-veille un autre Joseph,
celui d'Arimathie,
en déferlent dans ton sillon tes ancêtres
expulsés, dirait-on, du ventre de leur mère.

Chacun répond à l'appel de son nom
connu de lui seul et du Maître,
Éloquent Buisson
qui se prodigue en parlers incandescents
sur chacune des têtes
réunies pour l'ultime annonciation,
l'effusion dans l'Être trinitaire

deux bras

un tronc

de bois nu

le Trois Fois Humble Trois Fois Simple

*sous le regard d'un enfant**

précaire

écoute

prière

don

Christ dont la passion s'assouvit seulement
dans l'endossement de l'indigence humaine.

Kénose de l'Incarnation,
sans quoi n'existent ni mort
d'un Dieu
ni Résurrection
du mortel
errant.

* Formule de l'abbé Pierre (1912-2007)
pour décrire la prière d'adoration.

Table

Du même auteur

L dites lames, Saint-Lambert, Noroît, 1980.

Essaime, Saint-Lambert, Noroît, 1983.

Entretailles, Trois-Rivières, Écrits des Forges, 1984.

N'ébruitez pas ce mot (livre d'artistes : eaux fortes
et poèmes), en collaboration avec Lorraine Bénic,
Saint-Lambert, Noroît, 1985.

Les langues d'aimer, Trois-Rivières,
Écrits des Forges, 1986.

Le tant-à-cœur, Saint-Lambert, Noroît, 1986.

Dans l'attente d'une aube, Montréal, Triptyque, 1987.

Malamour, Saint-Lambert et Remoulins sur Gardon,
Noroît et Jacques Brémond, 1988.

Puis, Saint-Lambert et Remoulins sur Gardon,
Noroît et Jacques Brémond, 1989.

Île de mémoire, Saint-Hippolyte, Noroît, 1997.

Do Not Disclose this Word (traduction de *N'ébruitez
pas ce mot* par Andrea Moorhead, avec trois gravures
originales sur bois d'Alan Dixon), Peterborough
(Cambs., England), Spectacular Diseases, 1997.

TU, Montréal, Noroît, 2000.

Sur le chemin de la croix, Montréal, Fides, 2003.

Vigile, Montréal, Noroît, 2003.

Cantilène, Montréal, Noroît, 2006.

La déchirure des mots, choix de poèmes et présentation
d'Andrea Moorhead, Montréal, Noroît, 2007.

Petit abécédaire des oiseaux, illustré par Guy Pagé,
Montréal, Les heures bleues, 2007.

Ce livre a été imprimé au Québec
en septembre 2008 sur les presses
de Transcontinental impression.